AF509765

Note de l'Editeur

Le 14 juillet 1915 restera dans la mémoire des hommes comme une date ineffaçable.

C'est ce jour-là que les Français, unis dans le même transport, célébrèrent le chant national, en adressant un suprême hommage à son auteur, et que le Président de la République, à propos de *la Marseillaise* et de Rouget de Lisle, prononça le plus beau discours que la parole humaine ait jamais fait jaillir d'une âme réfléchie aussi bien que fervente.

Depuis qu'il est Président de la République, le grand orateur, le pur lettré, l'impeccable écrivain qu'est M. Raymond Poincaré, avait prononcé de nombreux discours d'une forme parfaite, d'un esprit délicat, d'une portée philosophique et politique digne de l'éloquence athénienne, — lorsque, autrefois, il y a des siècles, celle-ci mettait au service des plus justes causes les ressources de sa grâce et de sa puissance. Toutes les circonstances de la vie nationale inspirèrent à M. Poincaré des accents qui puisaient leur force et leur charme aux sources cristallines de la vérité et de la loyauté. Et ces accents eurent toujours une expression de sincérité qui réchauffait les auditeurs et les enthousiasmait...

Oh ! ce discours dans les arènes d'Arles, sous un soleil de feu, où le Président de la République apportait à Mireille le salut de Colette Baudoche !

Mais cette fois — le 14 juillet 1915 ! — le Président s'est surpassé, car c'est la France tout entière qui a parlé par la voix de M. Poincaré. M. Poincaré a su réunir dans une gerbe harmonieuse tous les sentiments qui animent la France, la glorieuse France, la douce France, la France atteinte momentanément, la France qui, demain, triomphera de ses ennemis infâmes, et que l'admiration du monde récompensera de ses efforts et de ses sacrifices.

Ce qui frappe également dans le discours de M. Poincaré, c'est l'énergie, c'est la virilité. L'illustre orateur représente encore ainsi l'unanimité des Français... Car, le nom de Français peut-il être donné à la poignée de tristes sires qui tournent leurs regards languissants vers l'Allemagne et voudraient de la paix avant la revanche ?

*Nous avons été les victimes innocentes de l'agression la
plus brutale et la plus savamment préméditée...*

*De quoi demain serait-il fait, s'il était possible qu'une
paix boiteuse vînt jamais s'asseoir, essoufflée, sur les décombres de nos villes détruites...*

*Tout l'avenir de notre race et non seulement son honneur,
mais son existence même, sont suspendus aux lourdes minutes
de cette guerre inexorable.*

*Nous avons la volonté de vaincre, nous avons la certitude
de vaincre...*

*Déjà le jour de gloire que célèbre la Marseillaise a illu-
miné l'horizon.*

Voilà les phrases du discours de M. Poincaré que tous les
soldats, tous les citoyens, toutes les femmes de France doivent
avoir sans cesse présentes à nos cœurs !

C'est pourquoi nous voudrions que cette humble brochure,
éditée sans luxe, uniquement dans le but d'être propagée partout, fût entre toutes les mains.

Le discours de M. le Président de la République, publié
par tous les journaux, affiché sur tous les murs, est, à nos
yeux, comme le bréviaire de la conscience nationale.

Au discours de M. Raymond Poincaré, nous avons ajouté
la reproduction d'une superbe page d'Anatole France.

Le grand public sait aujourd'hui que le « bon maître »,
célèbre par son ironie et ses opinions libertaires, s'est montré,
depuis le commencement de la guerre, de la guerre pour le
droit, la justice et la liberté, le modèle des citoyens patriotes.

Pour ceux qui, depuis longtemps, le lisaient entre les lignes, l'expression nouvelle de la pensée d'Anatole France n'a
été le sujet d'aucun étonnement : ce Parisien de Paris, nourri
des lettres latines, amoureux des lettres françaises a toujours
adoré son pays et toujours haï l'orgueil de l'ennemi hérédi-
taire.

On va voir dans quelle noble langage il sait le dire.

Et, pour terminer les quelques feuillets qui composent le
présent opuscule, nous n'avons pu nous empêcher d'imprimer

le texte de l'allocution vibrante, juvénile, ardente, généreuse, prononcée par M. Malvy, ministre de l'intérieur, à Choisy-le-Roi, le jour où les cendres de Rouget de Lisle furent transférées du cimetière de cette ville aux Invalides.

M. Malvy est le représentant de cette génération d'hommes politiques, dévoués au régime parlementaire qui, depuis quinze ans, se livrent à un labeur acharné, n'ayant d'autre but que le bien général. Calomniés à l'excès par leurs adversaires, ils n'auraient que des éloges à recevoir, si l'esprit de justice animait tous les partis.

Lisez les quelques lignes dictées à M. Malvy par l'amour que les républicains ressentent pour la patrie, par l'énergie de la jeunesse républicaine, laquelle, demain, saura tenir son rang.

*
* *

Jusqu'au bout !

Tel est le mot d'ordre de tous les Français. Suivons nos guides !

ANDRÉ VERVOORT.

Discours de M. Raymond Poincaré

prononcé, aux Invalides, le 14 Juillet 1915

Messieurs,

En décrétant que les cendres de Rouget de Lisle seraient solennellement ramenées à Paris, le jour de la fête nationale, au cours d'une guerre qui décidera du sort de l'Europe, le gouvernement de la République n'a pas seulement entendu célébrer la mémoire d'un officier français par qui s'exprima, en une heure tragique, l'âme éternelle de la patrie; il a voulu rapprocher sous les yeux du pays deux grandes pages de notre histoire, rappeler à tous les fortes leçons du passé, et pendant que de nouveau la France lutte héroïquement pour la liberté, glorifier l'hymne incomparable dont les accents ont éveillé au cœur de la nation tant de vertus surhumaines.

La sublime improvisation de Rouget de Lisle a été, en 1792, le cri de vengeance et d'indignation du noble peuple qui venait de proclamer les Droits de l'homme et qui se refusait fièrement à ployer le genou devant l'étranger. Les armées prussiennes s'avançaient vers le Rhin. Par le Nord et par l'Est les Autrichiens menaçaient nos frontières. Le 20 avril, l'Assemblée nationale avait voté la guerre, et suivant le mot d'un des orateurs, elle avait émis le vœu que les feux des discordes intestines s'éteignissent aux feux des canons.

La nouvelle était parvenue, dès le 25, en cette loyale Alsace qui, le 14 juillet 1790, unie aux fédérations de toutes les provinces, avait à jamais juré fidélité à la France indivisible. Et voyez, messieurs, comme aussitôt tout conspire à faire du chant guerrier, composé par Rouget de Lisle, une œuvre magnifiquement symbolique.

C'est un modeste enfant du Jura, devenu simple capitaine et affecté à la défense de Strasbourg, qui, au moment fixé par les destinées du pays, va être inopinément l'interprète de tous les citoyens. C'est le maire de la grande ville alsacienne qui va conseiller au jeune officier d'écrire une marche pour l'armée du Rhin; et bientôt lorsque les strophes enflammées de Rouget de Lisle se seront envolées jusque dans le Midi, ce seront des volontaires marseillais qui, prêts à mourir pour la patrie, les chanteront joyeusement sur les routes de France, les feront applaudir par Paris er thousiasmé et leur laisseront un nom impérissable. Si bien, messieurs, que dans la genèse de notre hymne national, nous trouvons, tout à la fois un splendide témoignage du génie populaire et un exemple émouvant de l'unité française.

Qu'importe, après cela, que Rouget de Lisle ait achevé dans l'ombre une existence médiocre et qu'il n'ait reçu qu'après la révolution de Juillet une croix et une pension! Qu'importe qu'il ait entendu la calomnie lui contester la paternité de son chef-d'œuvre et que des organistes allemands, élevés à l'école du mensonge, aient cyniquement prétendu le dépouiller de sa gloire! Son chant immortel, adopté par tout un peuple, couvre désormais, de ses sonorités puissantes, les murmures de l'envie et les clameurs de la haine.

Partout où elle retentit, *la Marseillaise* évoque l'idée d'une nation souveraine qui a la passion de l'indépendance et dont tous les fils préfèrent délibérément la mort à la servitude. Ce n'est plus seulement pour nous autres Français que *la Marseillaise* a cette signification grandiose. Ses notes éclatantes parlent une langue universelle et elles sont aujourd'hui comprises du monde entier.

Messieurs, il fallait un hymne comme celui-là pour traduire, dans une guerre comme celle-ci, la généreuse pensée de la France.

Une fois de plus, l'esprit de domination est venu menacer la liberté des peuples. Depuis de longues années, notre démocratie laborieuse se plaisait aux travaux de la paix; elle ne cherchait qu'à entretenir avec toutes les puissances des relations courtoises; elle aurait considéré comme un criminel ou comme un insensé tout homme qui aurait osé nourrir des projets belliqueux. Malgré les provocations répétées, malgré les coups de théâtre de Tanger et d'Agadir, elle était restée volontairement silencieuse et impassible. Lorsque les premiers nuages s'étaient amoncelés sur les Balkans, elle avait tout fait pour conjurer l'orage menaçant; c'était elle qui, la première, avait cherché à organiser et à maintenir le concert européen. Lorsque, en dépit de ses efforts inlassables, la guerre avait éclaté en Orient, elle avait tâché de localiser et d'éteindre l'incendie qui s'était déclaré. Lorsqu'enfin le calme s'était rétabli, elle s'était aussitôt prêtée à de nouvelles négociations pour étouffer, entre elle et l'Allemagne, les dernières causes latentes de difficultés et de conflits. Et c'est au lendemain du jour où venait d'être signé un accord franco-allemand qui réglait, à la satisfaction des deux pays, les questions orientales, c'est à un moment où l'Europe rassurée commençait à reprendre haleine, qu'un coup de tonnerre imprévu a fait trembler les colonnes du monde.

L'Histoire dira la suite. Elle dira comment l'Autriche, malgré les avertissements réitérés de l'Italie, a prémédité une attaque contre la Serbie. Elle dira comment cette petite et vaillante nation a, sur les conseils de la Russie et de la France, répondu dans les termes les plus conciliants à un ultimatum injurieux. Elle dira comment l'Autriche, au lieu de se laisser désarmer par cet exemple de modération, a persévéré dans son dessein meurtrier. Elle dira comment, depuis le début de cette crise redoutable, le gouvernement de la République n'a cessé d'agir, auprès de tous, et avec une volonté tenace, dans le sens de la paix.

Mais l'impérialisme militaire des pays germaniques était résolu à défier le jugement des peuples civilisés.

La guerre a été brusquement déclarée à la Russie; elle a été, sous des prétextes hypocrites, déclarée à la France, et la postérité apprendra avec stupéfaction qu'un jour l'ambassadeur d'Allemagne, après avoir vainement cherché à se faire insulter par la population parisienne, a présenté sans rire comme un *casus belli*, au ministre des affaires étrangères de France, une fable imaginée dans les bureaux de la Wilhelmstrasse : le raid d'un de nos aviateurs qui serait allé jeter des bombes sur Nuremberg, sans y être, et pour cause, aperçu par personne.

Et l'Histoire vengeresse dira également le reste; l'ignominie et la lâcheté des propositions faites à l'Angleterre et dédaigneusement repoussées par l'honneur britannique, la neutralité de la Belgique, outrageusement violée, les traités les plus solennels et les plus sacrés impudemment déchirés comme des chiffons de papier, les moyens les plus barbares employés pour terroriser, dans les régions traversées, des habitants inoffensifs, la science déshonorée au service de la violence et de la sauvagerie.

Chacun de nous, messieurs, peut, en toute sérénité, ranimer ses souvenirs et interroger sa conscience. A aucun moment nous n'avons négligé de prononcer le mot ou de faire le geste qui aurait pu dissiper les menaces de guerre, si un fol attentat contre la paix européenne n'avait été, depuis longtemps, voulu et préparé par des ennemis implacables. Nous avons été les victimes innocentes de l'agression la plus brutale et la plus savamment préméditée.

Mais, puisqu'on nous a contraints à tirer l'épée, nous n'avons pas le droit, messieurs, de la remettre au fourreau avant le jour où nous aurons vengé nos morts et où la victoire commune des alliés nous permettra de réparer nos ruines, de refaire la France intégrale et de nous prémunir efficacement contre le retour périodique des provocations.

De quoi demain serait-il fait, s'il était possible

qu'une paix boiteuse vînt jamais s'asseoir, essoufflée, sur les décombres de nos villes détruites? Un nouveau traité draconien serait aussitôt imposé à notre lassitude, et nous tomberions, pour toujours, dans la vassalité politique, morale et économique de nos ennemis. Industriels, cultivateurs, ouvriers français seraient à la merci de nos rivaux triomphants, et la France, humiliée, s'affaisserait dans le découragement et dans le mépris d'elle-même.

Qui donc pourrait s'attarder un instant à de telles visions? Qui donc oserait faire cette injure au bon sens public et à la clairvoyance nationale? Il n'est pas un seul de nos soldats, il n'est pas un seul citoyen, il n'est pas une seule femme de France qui ne comprenne clairement que tout l'avenir de notre race, et non seulement son honneur, mais son existence même, sont suspendus aux lourdes minutes de cette guerre inexorable. *Nous avons la volonté de vaincre, nous avons la certitude de vaincre.* Nous avons confiance dans notre force et en celle de nos alliés, comme nous avons confiance en notre droit.

Non, non, que nos ennemis ne s'y trompent pas! Ce n'est pas pour signer une paix précaire, trêve inquiète et fugitive entre une guerre écourtée et une guerre plus terrible, ce n'est pas pour rester exposée demain à de nouvelles attaques et à des périls mortels que la France s'est levée tout entière, frémissante, aux mâles accents de *La Marseillaise.*

Ce n'est pas pour préparer l'abdication du pays que toutes les générations rapprochées ont formé une armée de héros, que tant d'actions d'éclat sont, tous les jours accomplies, que tant de familles portent des deuils glorieux et font stoïquement à la patrie le sacrifice de leurs plus chères affections. Ce n'est pas pour vivre dans l'abaissement et pour mourir bientôt dans les remords que le peuple français a déjà contenu la formidable ruée de l'Allemagne, qu'il a rejeté de la Marne sur l'Yser l'aile droite de l'ennemi maîtrisé, qu'il a réalisé, depuis près d'un an, tant de prodiges de grandeur et de beauté.

Mais ne nous lassons pas, messieurs, de le répéter : la victoire finale sera le prix de la force morale et de la persévérance.

Employons tout ce que nous pouvons avoir de calme, de vigueur et de fermeté à maintenir étroitement dans le pays l'union de toutes les provinces, de toutes les classes et de tous les partis, à protéger attentivement l'opinion contre l'invasion sournoise des nouvelles perfides, à fortifier sans cesse l'action gouvernementale et l'harmonie nécessaire des pouvoirs publics, à concentrer sur un sujet unique toutes les ressources de l'Etat et toutes les bonnes volontés privées, à développer sans relâche notre matériel de guerre et nos moyens de résistance, à ramasser en un mot, la totalité des énergies nationales dans une seule pensée et dans une même résolution : la guerre poussée, si longue qu'elle puisse être, jusqu'à la défaite définitive de l'ennemi et jusqu'à l'évanouissement du cauchemar que la mégalomanie allemande fait peser sur l'Europe.

Déjà, le jour de gloire que célèbre *La Marseillaise* a illuminé l'horizon; déjà, en quelques mois, le peuple a enrichi nos annales d'une multitude d'exploits merveilleux et de récits épiques. Ce n'est pas en vain que se seront levées en masse, de tous les points de la France, ces admirables vertus populaires. Laissons-les, messieurs, laissons-les achever leur œuvre sainte : elles frayent le chemin à la victoire et à la justice!

UNE PAGE

A ceux du Front !...

Chers soldats, héroïques enfants de la Patrie, c'est aujourd'hui votre fête, puisque c'est la fête de la France. Le 14 juillet 1915 se lève sanglant et glorieux. Nous les célébrons en honorant vos frères tombés dans d'immortelles batailles et en vous envoyant nos vœux avec ce cri de nos âmes :

— Vivez ! Triomphez !

Il y a 126 ans, jour pour jour, que le peuple de Paris, armé de fusils et de piques, au bruit du tocsin et de la générale, s'avança en longue file dans le faubourg Saint-Antoine, assaillit la Bastille et, après cinq heures de lutte sous un feu meurtrier, s'empara de cette forteresse exécrée. Victoire symbolique remportée sur le régime de l'arbitraire et du despotisme, et par laquelle le peuple français inaugura le droit nouveau.

Souveraineté de la loi ! voilà ce que signifie la Bastille prise par le peuple et rasée jusque dans ses fondements. Avènement de la justice !... Voilà pourquoi les patriotes, portant au chapeau la cocarde tricolore, et les citoyennes en robes rayées aux couleurs de la nation dansèrent toute la nuit au son des violons, à la clarté joyeuse des lampions, sur le sol aplani où s'était élevée la Bastille.

Heure de confiance en la bonté humaine, de foi en un avenir de concorde et de paix. C'est alors qu'ont put voir la place que tenait la France dans l'humanité, et de quelles espérances la Révolution gonflait les cœurs en Europe. La chute de la Bastille retentit dans le monde entier.

La bonne nouvelle éclata en Russie comme un feu de joie. Dans la ville superbe de Pierre et de Catherine, seigneurs et serfs s'embrassaient sur les places publiques avec des pleurs et des cris d'allégresse. L'ambassadeur de France auprès de l'impératrice atteste ce délire : « Je ne saurais, dit-il, exprimer l'enthousiasme qu'excitèrent parmi les négociants, les marchands, les bourgeois et les jeunes gens des classes élevées la chute de cette prison d'Etat et ce premier triomphe d'une liberté orageuse. Français, Russes, Danois, Allemands, Hollandais; tous dans les rues se félicitaient, s'embrassaient comme si on les eût délivrés d'une chaine trop lourde qui pesait sur eux ».

En Angleterre, la victoire du droit remportée par le peuple de Paris enflamma de joie les artisans, les bourgeois, et la partie la plus généreuse de l'aristocratie. En dépit des efforts d'un gouvernement étroitement hostile aux nouveaux principes de la France, cet enthousiasme ne tomba point. En 1790, l'anniversaire de la prise de la Bastille fut célébré à Londres dans un banquet immense que présida lord Stanhope, un des hommes d'Etat les plus sages du Royaume-Uni.

Voilà les souvenirs que nous commémorons aujourd'hui.

Chers soldats, chers concitoyens, je m'adresse à vous en cette fête austère, parce que je vous aime et vous honore et que ma pensée va sans cesse vers vous.

J'ai le droit de vous parler cœur à cœur, comme j'ai le droit de parler à la France, étant de ceux qui ont toujours recherché, dans la liberté de leur jugement et la droiture de leur conscience, le meilleur moyen de rendre leur pays fort. J'ai le droit de vous parler, parce que, n'ayant pas voulu la guerre, obligé de la subir, je veux comme vous, comme tous les Français, la pousser jusqu'à l'entière victoire de la justice sur l'iniquité, de la civilisation sur la barbarie, de la liberté des peuples sur les monstrueux attentats d'un militarisme oppresseur. J'ai le droit de vous parler, parce que je suis de ceux, trop rares, qui ne vous ont jamais trompés et qui n'ont pas cru qu'il fût besoin de mensonges pour soutenir vos courages; de ceux qui, rejetant comme indignes de vous les fictions décevantes et les silences fallacieux, vous ont dit la vérité.

Je vous ai dit, au mois de décembre de l'année dernière: « Cette guerre sera rude et longue. » Je vous dis à cette heure : « Vous avez beaucoup fait; mais tout n'est pas fini. Le terme de vos fatigues approche; il n'est pas arrivé. Vous combattez un ennemi fort d'une longue préparation et d'un matériel immense, sans scrupules, à qui ses chefs ont enseigné l'inhumanité comme la première vertu du soldat et qui, s'armant d'une manière inconnue jusqu'ici aux plus féroces con-

quérants, fait couler des ruisseaux de flammes et souffle des
vapeurs chargés de sommeil et de mort. Durez, persévérez,
osez. Restez, vous, ce que vous êtes. Et nul ne prévaudra
contre vous.

Ce que vous défendez, c'est la terre natale, cette terre
riante et fertile, la plus belle du monde ; ce sont vos champs,
vos prairies. C'est l'auguste mère qui, couronnée de pampres
et d'épis, vous attend pour vous accueillir et vous redonner
les richesses de son sein inépuisable.

Ce que vous défendez, c'est votre clocher, ce sont vos
toits de brique ou d'ardoise, qui fument vers un ciel si doux !
Ce sont les tombeaux de vos pères et les berceaux de vos enfants.

Ce que vous défendez, ce sont nos villes augustes qui
dressent au bord des fleuves les monuments des générations,
églises romaines, cathédrales, collégiales, abbayes, palais, arcs
de triomphe, colonnes de bronze, théâtres, musées, hôtels de
ville, hôpitaux, statues des héros et des sages et qui étendent
à perte de vue les murs humbles ou magnifiques qui abritent
le commerce, l'industrie, la science, les arts, tout ce qui a
fait la beauté de la vie.

Ce que vous défendez c'est dix siècles d'histoire, c'est
la longue et difficile formation de la patrie, qui coûta tant
de sang et de larmes. C'est la gloire antique, c'est la rouge
oriflamme fleurdelysée de Saint-Denis qui flottait devant les
bannières des communes à Bouvines ; ce sont les nobles éten-
dards de Patay et de Formigny ; ce sont les drapeaux de
Rocroy et de Fontenoy, les drapeaux de Fleurus, d'Arcole,
de Zurich, de Marengo, les aigles formidables d'Austerlitz,
d'Eylau, de Wagram, les aigles blessées et plus chères encore
à nos cœurs de Champaubert et de Montmirail.

Ce que vous défendez, c'est notre patrimoine moral, nos
mœurs, nos usages, nos lois nos coutumes, nos croyances, nos
traditions ; ce sont les œuvres de nos sculpteurs, de nos archi-
tectes, de nos peintres, de nos graveurs, de nos orfèvres, de
nos émailleurs, de nos verriers, de nos tisserands ; ce sont les

chants de nos musiciens ; c'est le parler maternel qui, durant huit siècles, avec ineffable douceur, coula sans tarir des lèvres de nos poètes de nos orateurs, de nos historiens de nos philosophes, c'est la science de l'homme et de la nature, du concret et de l'abstrait, cette science encyclopédique qui fut portée chez nous à son plus haut point d'exactitude et de clarté. Ce que vous défendez, c'est le génie français qui éclaira le monde et porta la liberté aux peuples, c'est cet esprit généreux qui fait tomber les bastilles.

Ce que vous défendez, enfin, aux côtés des Belges, des Anglais, des Russes des Italiens, des Serbes, c'est non seulement la France mais l'Europe, sans cesse troublée et follement menacée par l'ambition dévorante de l'Allemagne.

Patrie! liberté! chers enfants de la France : voilà les trésors sacrés confiés à vos bras; voilà pourquoi vous endurez sans plainte de longues fatigues et des périls constants; voilà pourquoi vous triompherez.

Et vous femmes, enfants, vieillards, jonchez de feuillages et de fleurs toutes les routes de France : nos soldats vont revenir vainqueurs.

ANATOLE FRANCE.

Allocution de M. Malvy

MINISTRE DE L'INTÉRIEUR

*prononcée à Choisy-le-Roi (Seine) le 13 juillet 1915, jour de
la translation des cendres de Rouget de Lisle aux Invalides*

Je remercie la ville de Choisy-le-Roi du sacrifice qu'elle a
consenti en faisant don à la France d'une de ses gloires les
plus pures. Je remercie sa municipalité d'avoir pensé comme
nous que l'homme dont l'hymne immortel a incarné depuis
plus d'un siècle l'âme de la patrie devait recevoir l'hommage
de la nation.

C'est aux accents de *la Marseillaise* que les soldats de la
Révolution ont combattu pour la défense du droit et des li-
bertés des peuples.

C'est aux accents de *la Marseillaise* que donnant leur vie
pour le même idéal, nos soldats de 1914 et de 1915 défendent
avec le même héroïsme la cause de l'honneur et de la justice.

Rouget de Lisle a eu le génie de donner à la France un
chant dont on a pu dire qu'il sortait à la fois de toutes les
bouches comme si la nation entière l'avait composé : chant de
liberté, cri d'alarme gigantesque et surhumain, ce cri de la
France est devenu le cri de toutes les nations qui se battent
à côté d'elle pour le même idéal.

A la veille de la victoire définitive, en 1915 comme en
1792, le jour de gloire est arrivé. Rouget de Lisle a bien
mérité de la patrie.

Imprimerie spéciale
de la BROCHURE POPULAIRE
20, Boulevard de Clichy, 20 - PARIS